AF218575

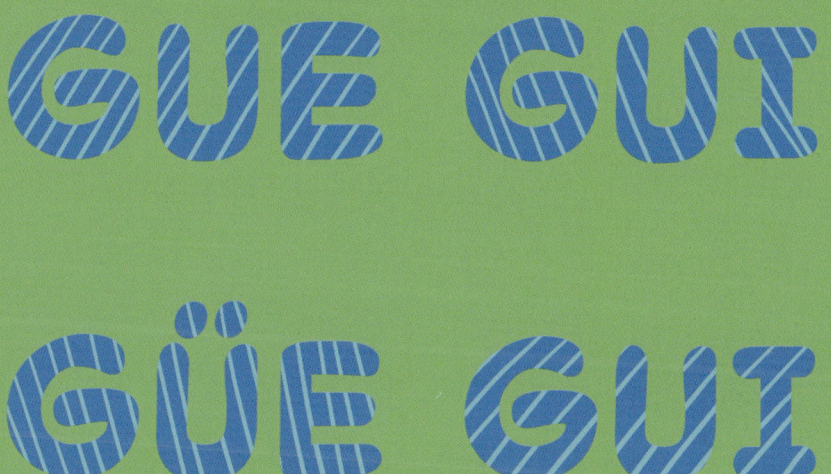

GUE GUI

GÜE GUI

Pepo siempre quiso conocer un pingüino. Le parecían unos animales muy distinguidos y elegantes.

Le gustaría ir al Polo Sur y pasar una tarde compartiendo juguetes y conversaciones con él.

—Mamá, ¿podemos ir esta tarde a la Antártida?

—No, Pepo, eso queda muy lejos.

—Por favor, mamá, yo quiero conocer un pingüino.

—¿Pero tú sabes dónde está el Polo Sur?

Pepo no sabía lo lejos que podía vivir un pingüino y recurrió a Emi que siempre tenía buenas ideas.

—Emi, averigüemos cómo llegar a la Antártida —propuso Pepo.

—Uf, eso queda muy lejos. Quizás podríamos aprovechar lo que aprendimos en piragüismo y remar hasta allí.

Pío, que estaba escuchando la conversación, quiso ayudarlos.

—Tengo una amiga cigüeña, ¿a lo mejor puede llevaros hasta allí?

— Yo también puedo hablar con mi amigo guepardo. Es muy rápido, seguro que llegáis antes —dijo Miau dándole un lengüetazo a Pepo.

—Un guepardo será muy rápido por tierra, pero ¿cómo llegará nadando hasta el Polo Sur? —interrumpió la rana René.

—Yo se lo diría a Guille, una anguila que conocí hace años, pero no es muy de fiar, cada vez que me acerco me da una corriente eléctrica —dijo el sapo Ramón.

—Un águila también sería una buena opción, vuelan rapidísimo, pero ¿alguien conoce una? — preguntó Mumú.

—Creo que lo mejor es que comamos algo, con la barriga llena siempre se piensa mejor —dijo el mono Nuno mientras preparaba una hamburguesa en la cocina.

—Yo prefiero espaguetis —dijo Emi mientras amasaba plastilina.

—A nosotros dadnos guiso de guisantes —dijeron René y Ramón.

¡Ahora ya podían pensar mejor!

—Una vez leí un libro en el que un niño y un pingüino viajaban en paraguas —dijo Emi.

—Oh, pues claro, ¿cómo no se nos ocurrió buscar en los libros una solución?

—Hay montones de ideas en ellos y, además, ahora ya sabemos leer.

—¿Buscamos historias de pingüinos? —dijo Pepo

—¡Sí, leer mola! —dijeron todos a la vez.

guepardo

águila

cigüeña

pingüino

hambur**gue**sa

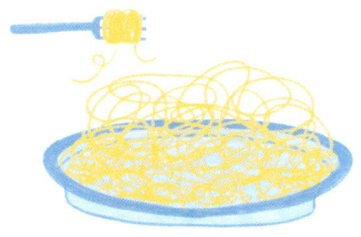

espa**gue**tis

an**gui**la

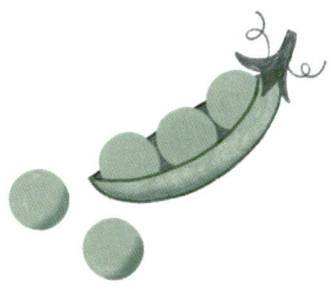

guisantes

COLECCIÓN LEER MOLA

Aprende a leer con Pepo y Emi.
Vive 25 aventuras diferentes. Suma letras en cada libro
y al completar la colección verás que… **¡leer mola!**

1- Pepo (P)
2- Emi (M)
3- ¿Polo? (L)
4- El oso Suso (S)
5- La diadema de Miau (D)
6- El mono Nuno (N)
7- Animales famosos (F)
8- El estofado está listo (T)
9- La rana René (R)
10- El morro de Rufo (RR)
11- El pantalón del abuelo (B)
12- Viva la nieve (V)
13- ¿Pulga o gigante? (G)
14- La oveja tiene un piojo (J)

15- La carrera (C)
16- Batalla de reyes (LL Y)
17- ¡Qué karaoke! (Q K)
18- Un huevo en el jardín (H)
19- Muchos charcos (CH)
20- Ideas en la cabeza (Z)
21- Una araña en el baño (Ñ)
22- Un show en México (W X)
23- Exploramos el planeta
(BL CL FL GL PL TL)
24- Una sorpresa para Frida
(BR CR DR FR GR PR TR)
25- Un pingüino distinguido
(GUE GUI GÜE GÜI)

Entre nubes y cuentos

9 788412 923650

LEER MOLA

Lectura progresiva

RR

EL MORRO
DE RUFO

ANA MEILÁN
SILVINA EDUARDO

Entre Nubes y Cuentos

COLECCIÓN LEER MOLA
EL MORRO DE RUFO (RR)

© del texto, Ana Meilán & Silvina Eduardo, 2024
© de las ilustraciones, Silvina Eduardo, 2024
Corrección: Vanessa Rodríguez

ISBN: 978-84-129235-0-6
Depósito legal: LU-116-2024
Primera edición: septiembre 2024
Impreso en España

Impreso en papel certificado por FSC®
procedente de una gestión forestal
sostenible y responsable con el medio ambiente.

www.entrenubesycuentos.com